www.ingramcontent.com/pod-product-compliance
Lightning Source LLC
Chambersburg PA
CBHW051321220526
45468CB00004B/1438
* 9 7 8 1 7 9 8 9 5 9 8 5 5 *